潜向内心
遇見自己

南京大学鲸聆文创工作室
南京大学出版社

Yearly plan

JAN.

Feb.

Mar.

Apr.

May.

Jun.

Monthly Plan

To Do List
重要记事

Monday 星期一	Tuesday 星期二	Wednes 星期三
am pm		
am pm		
am pm		
am pm		
am pm		
am pm		

Thursday 星期四	Friday 星期五	Saturday 星期六	Sunday 星期日

Monthly Plan

To Do List
重要记事

Monday 星期一	Tuesday 星期二	Wednes 星期三
am / pm		
am / pm		
am / pm		
am / pm		
am / pm		
am / pm		

Thursday 星期四	Friday 星期五	Saturday 星期六	Sunday 星期日

Monthly Plan

To Do List
重要记事

Monday 星期一	Tuesday 星期二	Wednes 星期三
am / pm		
am / pm		
am / pm		
am / pm		
am / pm		
am / pm		

Thursday 星期四	Friday 星期五	Saturday 星期六	Sunday 星期日
	□	□	□
	□	□	□
	□	□	□
	□	□	□
	□	□	□
	□	□	□

Monthly Plan

To Do List
重要记事

Monday 星期一	Tuesday 星期二	Wednes 星期三
am pm		
am pm		
am pm		
am pm		
am pm		
am pm		

Thursday 星期四	Friday 星期五	Saturday 星期六	Sunday 星期日
	□	□	□
	□	□	□
	□	□	□
	□	□	□
	□	□	□
	□	□	□

Monthly Plan

To Do List
重要记事

Monday 星期一	Tuesday 星期二	Wednes 星期三
☐ am pm	☐	☐
☐ am pm	☐	☐
☐ am pm	☐	☐
☐ am pm	☐	☐
☐ am pm	☐	☐
☐ am pm	☐	☐

Thursday 星期四	Friday 星期五	Saturday 星期六	Sunday 星期日
	□	□	□
	□	□	□
	□	□	□
	□	□	□
	□	□	□
	□	□	□

Monthly Plan

To Do List
重要记事

Monday 星期一	Tuesday 星期二	Wednes 星期三
am / pm		
am / pm		
am / pm		
am / pm		
am / pm		
am / pm		

Thursday 星期四	Friday 星期五	Saturday 星期六	Sunday 星期日
	☐	☐	☐
	☐	☐	☐
	☐	☐	☐
	☐	☐	☐
	☐	☐	☐
	☐	☐	☐

Month___
Week ___

AM PM

MON

TUE

WED

THU

FRI

SAT

SUN

- [ ]
- [ ]
- [ ]

桓公北征，经金城，见前为琅邪时种柳，皆已十围，慨然曰：“木犹如此，人何以堪！”攀枝执条，泫然流泪。

——《世说新语》

Month___
Week ___

AM PM

MON

TUE

WED

THU

FRI

SAT

SUN

☐

☐

☐

人生得意须尽欢，莫使金樽空对月。天生我材必有用，千金散尽还复来。——李白 《将进酒》

Month___
Week ___

AM PM

MON

TUE

WED

THU

FRI

SAT

SUN

☐

☐

☐

天明独去无道路，出入高下穷烟霏。山红涧碧纷烂漫，时见松枥皆十围。—— 韩愈 《山石》

Month___
Week ___

AM PM

MON

TUE

WED

THU

FRI

SAT

SUN

- [ ]
- [ ]
- [ ]

假作真时真亦假，无为有处有还无。——曹雪芹 《红楼梦》

Month____
Week ____

AM PM

MON

TUE

WED

THU

FRI

SAT

SUN

- [ ]
- [ ]
- [ ]

忽然，他流下泪来，接着就失声，立刻又变成长嚎，像一匹受伤的狼，当深夜在旷野中嗥叫，惨伤里夹杂着愤怒和悲哀。

——鲁迅 《彷徨》

Month___
Week ___

AM PM

MON

TUE

WED

THU

FRI

SAT

SUN

- [ ]
- [ ]
- [ ]

聆听他人之意见，但保留自己之判断。——莎士比亚 《哈姆莱特》

Month___
Week ___

AM PM

MON

TUE

WED

THU

FRI

SAT

SUN

☐

☐

☐

“水满则溢，月盈则亏”，这个世界从来只有更美，而没有最美。而最靠近完美的一刻，就是最容易走向相反的时刻。

——托尔斯泰 《安娜·卡列尼娜》

Month____
Week ____

AM PM

MON

TUE

WED

THU

FRI

SAT

SUN

- [ ]
- [ ]
- [ ]

创作者之深情，渗透于作品中，出其至诚，映现于文字；颠沛必于是，造次必于是。

——傅庚生 《中国文学欣赏举隅》

Month___
Week ___

AM PM

MON

TUE

WED

THU

FRI

SAT

SUN

☐

☐

☐

人生滋味倒餐蔗，学问功夫上水船。——李霖灿 《中国美术史讲座》

Month___
Week ___

AM PM

MON

TUE

WED

THU

FRI

SAT

SUN

☐

☐

☐

美之所以不是一般的形式，而是所谓“有意义的形式”，正在于它是积淀了社会内容的自然形式。

——李泽厚 《美的历程》

Month___
Week ___

AM PM

MON

TUE

WED

THU

FRI

SAT

SUN

☐

☐

☐

对这个历史（艺术史）有所了解可以帮助我们理解为什么艺术家要使用某种特殊的创作方式，或者为什么他们要追求某些艺术效果。

——贡布里希 《艺术的故事》

Month___
Week ___

AM PM

MON

TUE

WED

THU

FRI

SAT

SUN

☐

☐

☐

顺，不妄喜；逆，不遑馁；安，不奢逸；危，不惊惧；胸有惊雷而面如平湖者，可拜上将军也。——司马迁 《史记》

Month___
Week ___

AM PM

MON

TUE

WED

THU

FRI

SAT

SUN

☐

☐

☐

所谓对其本国已往历史略有所知者，尤必附随一种对其本国已往历史之温情与敬意。

——钱穆 《国史大纲》

Month___
Week ___

AM PM

MON

TUE

WED

THU

FRI

SAT

SUN

- [ ]
- [ ]
- [ ]

研究专制制度的学者都明白，在权力斗争及清洗政敌时，谎言是司空见惯的。暴行越大，就越需要歪曲真相来改写历史。

——蒋廷黻 《中国近代史》

Month____
Week ____

AM PM

MON

TUE

WED

THU

FRI

SAT

SUN

☐

☐

☐

今世所有的文化体系，都将融合于人类共同缔造的世界文化体系之中。

——许倬云 《万古江河：中国历史文化的转折与开展》

Month____
Week ____

AM PM

MON

TUE

WED

THU

FRI

SAT

SUN

☐

☐

☐

我们爱好美丽的东西，但是没有因此而至于奢侈· 我们爱好智慧，但是没有因此而至于柔弱。

——修昔底德 《伯罗奔尼撒战争史》

Month___
Week ___

AM PM

MON

TUE

WED

THU

FRI

SAT

SUN

☐

☐

☐

命运的变化丝毫不顾及人类和他们的丰功伟绩；她把帝王与臣民同埋在一个墓穴里。

——吉本 《罗马帝国衰亡史》

Month___
Week ___

AM PM

MON

TUE

WED

THU

FRI

SAT

SUN

☐

☐

☐

在中世纪时期，人们的视野，无论在观察客观世界，或在认识自己时，都被一层纱幕遮住了。意大利人最早把这层障眼的纱幕撕去了，因而认识了客观世界，并且认识了自己。——布克哈特 《意大利文艺复兴时期的文化》

Month___
Week ___

AM PM

MON

TUE

WED

THU

FRI

SAT

SUN

☐

☐

☐

在消灭了所有可能的对手之后，人类不再面对任何敌人，我们面对的只有自己。

——斯塔夫里阿诺斯 《全球通史》

Month___
Week ___

AM PM

MON

TUE

WED

THU

FRI

SAT

SUN

☐

☐

☐

人必须在既可提供机遇又可限制机遇的历史环境中创造历史。——肯尼迪 《大国的兴衰》

Month____
Week ____

AM PM

MON

TUE

WED

THU

FRI

SAT

SUN

☐

☐

☐

天覆地载，万物并育于其间而不相害；四时日月，错行代明而不相悖。——朱熹 《中庸章句》

Month____
Week ____

AM PM

MON

TUE

WED

THU

FRI

SAT

SUN

☐

☐

☐

有无相生，难易相成，长短相形，高下相盈，音声相和，前后相随。——《老子》

Month___
Week ___

AM PM

MON

TUE

WED

THU

FRI

SAT

SUN

☐

☐

☐

心平何劳持戒，行直何须坐禅。——惠能 《坛经》

Month____
Week ____

AM PM

MON

TUE

WED

THU

FRI

SAT

SUN

- [ ]
- [ ]
- [ ]

当美的灵魂与美的外表和谐地融为一体，人们就会看到，这是世上最完善的美。

——柏拉图 《理想国》

Month___
Week ___

AM PM

MON

TUE

WED

THU

FRI

SAT

SUN

☐

☐

☐

心灵通过隐入自身而保持着它自己的宁静。——奥勒留 《沉思录》

Year ______

January February March April May June July August September October November Decmber

Monday Tuesday Wednesday Thursday Friday Saturday

1 2 3 4 5 6 7 8 9 10 11 12 13 14 15 16 17 18 19 20 21 22 23 24 25 26 27 28 29 30 31

Title

Author

Quotes

Opinion

我希望我在有生之日是自由的，死的时候也是自由的，

这就是说，我要如此忠实地服从法律，无论是我或其他的人，都不能脱离法律的光荣的约束。

——卢梭 《论人与人之间不平等的起因和基础》

Progress bar

○ ○ ○ ○ ○ ○ ○ ○ ○ ○ ○

Time line

Chapter **Reading time** **Abstract**

一切个体自身都包含着他物。——黑格尔　《精神现象学》

在政治上为了一定的目的，甚至可以同魔鬼结成联盟，只是必须肯定，是你领着魔鬼走而不是魔鬼领着你走。

——马克思 《共产党宣言》

日常的哪怕是最小的行动，也体现着巨大的心智上的努力。

——熊彼特 《经济发展理论》

Year ______

January February March April May June July August September October November Decmber

Monday Tuesday Wednesday Thursday Friday Saturday

1 2 3 4 5 6 7 8 9 10 11 12 13 14 15 16 17 18 19 20 21 22 23 24 25 26 27 28 29 30 31

Title

Author

Quotes

Opinion

勤奋努力工作是一种天职，是一种美德和道德义务；追求和获得财富金钱（不是一种罪恶），而是“体现上帝的荣耀”的外在标志。

——韦伯 《新教伦理与资本主义精神》

Progress bar

○ ○ ○ ○ ○ ○ ○ ○ ○ ○ ○

Time line

Chapter	Reading time	Abstract

人类的关系一旦变得紧张、无情，最终就沦为金钱关系。

——米尔斯 《白领：美国的中产阶级》

人们耐心忍受着苦难，以为这是不可避免的，但一旦有人出主意消除苦难时，它就变得无法忍受了。

——托克维尔 《旧制度与大革命》

艺术家想象力所造就的事物，无论它多么昏暗不明，总会预兆出明天的社会现实。

——贝尔 《资本主义文化矛盾》

Year ______

January February March April May June July August September October November Decmber

Monday Tuesday Wednesday Thursday Friday Saturday

1 2 3 4 5 6 7 8 9 10 11 12 13 14 15 16 17 18 19 20 21 22 23 24 25 26 27 28 29 30 31

Title

Author

Quotes

Opinion

历史如果不被我们看成是轶事或年表的堆栈的话，那么，它就能对我们现在所深信不疑的科学形象产生一个决定性的转变。

——库恩 《科学革命的结构》

Progress bar

Time line

Chapter **Reading time** **Abstract**

一个人彻悟的程度，恰等于他所受痛苦的深度。——林语堂 《中国人》

价值是不差别的人类劳动力，是使用价值的内容，而使用价值其只能算是外部体现，或是只充当销售手段。

——马克思 《资本论》

每个人的“当前”，不但包括他个人“过去”的投影，
而且是整个民族的“过去”的投影。
——费孝通 《乡土中国》

Year ______

January February March April May June July August September October November Decmber

Monday Tuesday Wednesday Thursday Friday Saturday

1 2 3 4 5 6 7 8 9 10 11 12 13 14 15 16 17 18 19 20 21 22 23 24 25 26 27 28 29 30 31

Title

Author

Quotes

Opinion

当集团很小时，集团利益和每个个体密切相关，个体有动力为之自发努力，即使在没有激励或者激励很低的情况下，也能实现集团的公共利益。

——奥尔森 《集体行动的逻辑》

Progress bar

○ ○ ○ ○ ○ ○ ○ ○ ○ ○ ○

Time line

Chapter **Reading time** **Abstract**

一切肉体和精神禀赋都将经进化而趋于完善。——达尔文 《物种起源》

ITY

我们看到的从很远星系来的光是在几百万年之前发出的，在我们看到的最远的物体的情况下，光是在 80 亿年前发出的。这样当我们看宇宙时，我们是在看它的过去。——霍金 《时间简史——从大爆炸到黑洞》

具有研究头脑的人受到未知世界精神上挑战的吸引，并乐于施展才智以寻求答案。

——贝弗里奇 《科学研究的艺术》

Year ______

January February March April May June July August September October November Decmber

Monday Tuesday Wednesday Thursday Friday Saturday

1 2 3 4 5 6 7 8 9 10 11 12 13 14 15 16 17 18 19 20 21 22 23 24 25 26 27 28 29 30 31

Title

Author

Quotes

Opinion

文化通常是一种集体现象，因为它至少部分地被现在或过去生活在相同社会环境中的人们所共享，而这种社会环境正是人们习得文化的地方。

——霍夫斯泰德《文化与组织：心理软件的力量》

Progress bar

○ ○ ○ ○ ○ ○ ○ ○ ○ ○ ○

Time line

Chapter **Reading time** **Abstract**

世界秩序要么将建立在文明的基础上，要么将成为空中楼阁。

——亨廷顿 《文明的冲突与世界秩序的重建》

善守者，藏于九地之下，善攻者，动于九天之上，故能自保而全胜也。——孙武 《孙子兵法》

以无胜有，含蓄之致也；花喜其初绽，眉怜其浅颦，可以为例。

——傅庚生 《中国文学欣赏举隅》

Year ______

January February March April May June July August September October November Decmber

Monday Tuesday Wednesday Thursday Friday Saturday

1 2 3 4 5 6 7 8 9 10 11 12 13 14 15 16 17 18 19 20 21 22 23 24 25 26 27 28 29 30 31

Title

Author

Quotes

Opinion

这种异常广阔的整体性的“可游、可居”的生活—人生—自然境界，正是中国山水画去追求表现的美的理想。

——李泽厚 《美的历程》

Progress bar

○ ○ ○ ○ ○ ○ ○ ○ ○ ○ ○

Time line

Chapter | Reading time | Abstract

“艺术作品”并不是什么神秘行动的产物，
而是一些人为另一些人而制作的东西。

——贡布里希 《艺术的故事》

人类的历史证明，一个社会群体，其文化的进步往往取决于它是否有机会吸取邻近社会群体的经验。

——斯塔夫里阿诺斯 《全球通史》

反听之谓聪，内视之谓明，自胜之谓强。——司马迁　《史记》

Year ______

January February March April May June July August September October November Decmber

Monday Tuesday Wednesday Thursday Friday Saturday

1 2 3 4 5 6 7 8 9 10 11 12 13 14 15 16 17 18 19 20 21 22 23 24 25 26 27 28 29 30 31

Title

Author

Quotes

Opinion

知者达于事理而周流无滞，有似于水，故乐水；仁者安于义理而厚重不迁，有似于山，故乐山。

——朱熹 《论语集注卷三·雍也第六》

Progress bar

Time line

Chapter **Reading time** **Abstract**

教育的目标是教会我们爱美。——柏拉图《理想国》

人们并非天生就希望多多地挣钱，相反，他们只是希望生活，还是像他们已经习惯的那样生活，并且挣到为此所必需的那么多钱。

——韦伯 《新教伦理与资本主义精神》

来自命运的东西并不脱离本性。唯一能从人那里夺走的只有现在。

——奥勒留《沉思录》

Year ______

January February March April May June July August September October November Decmber

Monday Tuesday Wednesday Thursday Friday Saturday

1 2 3 4 5 6 7 8 9 10 11 12 13 14 15 16 17 18 19 20 21 22 23 24 25 26 27 28 29 30 31

Title

Author

Quotes

Opinion

精神的生命不是表现为害怕死亡，与荒芜保持绝对的距离，而是表现为承受死亡，并在死亡中保存自身。

——黑格尔 《精神现象学》

Progress bar

○ ○ ○ ○ ○ ○ ○ ○ ○ ○ ○

Time line

Chapter | **Reading time** | **Abstract**

历史是一座画廊，在那里原作很少，复制品很多。

——托克维尔 《旧制度与大革命》

历史把那些为了广大的目标而工作，因而使自己变得高尚的人看作伟大的人；经验则把使最大多数人幸福的人称赞为最幸福的人。

——马克思 《资本论》

宇宙便是完全自足的，而不受任何外在于它的东西影响。
它既不被创生，也不被消灭。它就是存在。
——霍金 《时间简史——从大爆炸到黑洞》

Year ______

January February March April May June July August September October November Decmber

Monday Tuesday Wednesday Thursday Friday Saturday

1 2 3 4 5 6 7 8 9 10 11 12 13 14 15 16 17 18 19 20 21 22 23 24 25 26 27 28 29 30 31

Title

Author

Quotes

Opinion

我们不能让货币体系由那些思维已被银行家俘获的人掌控，也不能让货币体系只为了上层群体的利益有效运行。

——斯蒂格利茨 《不平等的代价》

Progress bar

Time line

Chapter

Reading time

Abstract

文明是对人最高的文化归类，是人们文化认同的最广范围。

——亨廷顿 《文明的冲突与世界秩序的重建》

只有曾经探索过的人们才懂得：真理的小小钻石是多么罕见难得，但一经开采琢磨，便能经久、坚硬而晶亮。

——贝弗里奇 《科学研究的艺术》

善战者，先为不可胜，以待敌之可胜；不可胜在己，可胜在敌。

——孙武 《孙子兵法》

Year ______

January February March April May June July August September October November Decmber

Monday Tuesday Wednesday Thursday Friday Saturday

1 2 3 4 5 6 7 8 9 10 11 12 13 14 15 16 17 18 19 20 21 22 23 24 25 26 27 28 29 30 31

Title

Author

Quotes

Opinion

资产阶级精打细算、严谨敬业的自我约束逐渐同他们对名望和激动的孜孜追求发生了冲突。当工作与生产组织日益官僚化，个人被贬低到角色位置时，这种敌对性冲突更加深化了。

——贝尔 《资本主义文化矛盾》

Progress bar

Time line

Chapter

Reading time

Abstract

管理者的任务不是去改变人，而在于运用每一个人的才干。
——德鲁克 《卓有成效的管理者》

ITY

皎皎白驹，在彼空谷，生刍一束，其人如玉。 ——《诗经 · 小雅 · 白驹》

人有智犹地有水，地无水为焦土，人无智为行尸。——冯梦龙 《喻世明言》

Year ______

January February March April May June July August September October November Decmber

Monday Tuesday Wednesday Thursday Friday Saturday

1 2 3 4 5 6 7 8 9 10 11 12 13 14 15 16 17 18 19 20 21 22 23 24 25 26 27 28 29 30 31

Title

Author

Quotes

Opinion

一成不变的特征是没有的，永恒不变只是偶然的后果。——索绪尔 《普通语言学教程》

Progress bar

○ ○ ○ ○ ○ ○ ○ ○ ○ ○ ○

Time line

Chapter | Reading time | Abstract

晋人王戎云：“情之所钟，正在我辈。”创造需要炽爱，欣赏亦需钟情。

——宗白华 《艺境》

世味年来薄似纱，谁令骑马客京华。小楼一夜听春雨，深巷明朝卖杏花。——陆游《临安春雨初霁》

丘山积卑而为高，江河合水而为大。——《庄子·则阳》

Year ______

January February March April May June July August September October November Decmber

Monday Tuesday Wednesday Thursday Friday Saturday

1 2 3 4 5 6 7 8 9 10 11 12 13 14 15 16 17 18 19 20 21 22 23 24 25 26 27 28 29 30 31

Title

Author

Quotes

Opinion

天下莫柔弱于水，而攻坚强者莫之能胜，以其无以易之也。弱之胜强，柔之胜刚，天下莫不知，莫能行。

——《老子》

Progress bar

○ ○ ○ ○ ○ ○ ○ ○ ○ ○ ○

Time line

Chapter **Reading time** **Abstract**

爱是恒久忍耐，又有恩慈；爱是不嫉妒，爱是不自夸，不张狂。

——《圣经》

形而上学的真正路径不是跟杂乱无边的经验对象打交道，而是从理性本身出发，并且至于理性本身产生对话。

——康德 《纯粹理性批判》

梦的内容是由于意愿的形成，其目的在于满足意愿。——弗洛伊德 《梦的解析》

Year ______

January February March April May June July August September October November Decmber

Monday Tuesday Wednesday Thursday Friday Saturday

1 2 3 4 5 6 7 8 9 10 11 12 13 14 15 16 17 18 19 20 21 22 23 24 25 26 27 28 29 30 31

Title

Author

Quotes

Opinion

凡属于自然的东西，我们就不要在天性已经败坏的人的身上去寻找，而应当在行事合乎自然的人的身上去寻找。

——亚里士多德 《政治学》

Progress bar

Time line

Chapter

Reading time

Abstract

假如真有什么天然的奴隶的话，那只是因为已经先有违反了天然的奴隶。强力造出了最初的奴隶，他们的怯弱则使他们永远当奴隶。

——卢梭 《社会契约论》

ITY

有完美的制度，但目前人类发明的最好制度叫作法治。——钱颖一 《现代中国经济与中国经济改革》

物以蜕而化，不以蜕而累。以其有蜕，是以有化。

——姜夔《〈白石道人诗集〉自序》

Year ______

January February March April May June July August September October November Decmber

Monday Tuesday Wednesday Thursday Friday Saturday

1 2 3 4 5 6 7 8 9 10 11 12 13 14 15 16 17 18 19 20 21 22 23 24 25 26 27 28 29 30 31

Title Author

Quotes Opinion

这（对艺术史的了解）是一条很好的途径，能使我们对艺术作品的独特性质眼光敏锐，从而提高我们对细微差异的感受能力。

——贡布里希 《艺术的故事》

Progress bar

Time line

Chapter **Reading time** **Abstract**

有匪君子，如切如磋，如琢如磨。 ——《诗经·卫风·淇奥》

人生真正的目的，中国人用一种单纯而显明的态度决定了，它存在于乐天知命以享受朴素的生活。尤其是家庭生活与和谐的社会关系。

——林语堂 《中国人》

天地不仁，以万物为刍狗；圣人不仁，以百姓为刍狗。——《老子》

Year ______

January February March April May June July August September October November Decmber

Monday Tuesday Wednesday Thursday Friday Saturday

1 2 3 4 5 6 7 8 9 10 11 12 13 14 15 16 17 18 19 20 21 22 23 24 25 26 27 28 29 30 31

Title

Author

Quotes

Opinion

悠闲自得地生活着，轩窗敞启，听金蝉曼唱，微风落叶，爱篱菊之清芳，赏秋月之高朗，吾们便很感满足。——林语堂 《中国人》

Progress bar

○ ○ ○ ○ ○ ○ ○ ○ ○ ○ ○

Time line

Chapter | **Reading time** | **Abstract**

对于一个坏的政府来说，坏制度最危险的时刻通常就是它开始改革的时候。

——托克维尔 《旧制度与大革命》

天地以生物为心，而所生之物因各得夫天地生物之心以为心，所以人皆有不忍人之心也。

——朱熹 《孟子集注卷三·公孙丑章句上》

人们并不只靠理性活着。
只有在界定了自我之后，他们在追求自身利益时才能理性地筹划和行动。
——亨廷顿 《文明的冲突与世界秩序的重建》

Year ______

January February March April May June July August September October November Decmber

Monday Tuesday Wednesday Thursday Friday Saturday

1 2 3 4 5 6 7 8 9 10 11 12 13 14 15 16 17 18 19 20 21 22 23 24 25 26 27 28 29 30 31

Title

Author

Quotes

Opinion

闭门觅句陈无己，对客挥毫秦少游。正字不知温饱未，西风吹泪古藤州。

——黄庭坚《病起荆江亭即事》

Progress bar

Time line

Chapter

Reading time

Abstract

经验虽然告诉我们某物是如此这般的状况，
但并不告诉我们它不能是另外的状况。

——康德 《纯粹理性批判》

穷至事物之理，欲其极处无不到也。——朱熹 《大学章句》

在口语文化中，创作的灵感首先要服务于清晰、易记的目标。

——格雷克 《信息简史》

Year ______

January February March April May June July August September October November Decmber

Monday Tuesday Wednesday Thursday Friday Saturday

1 2 3 4 5 6 7 8 9 10 11 12 13 14 15 16 17 18 19 20 21 22 23 24 25 26 27 28 29 30 31

Title

Author

Quotes

Opinion

今天的社会有两种需要：对组织而言，需要个人为其做出贡献；对个人而言，需要把组织当成实现自己人生目标的工具。
只有管理的有效性，才能使这两种社会需要相辅相成。——德鲁克 《卓有成效的管理者》

Progress bar

Time line

Chapter | Reading time | Abstract

性含万法是大，万法尽是自性。——惠能 《坛经》

领导（……）的行为总是确定一批人应当前进的方向，并带领人们朝着这个方向前进，使之投身于这一运动，并且激励他们战胜前进道路中不可避免的障碍坎坷。——科特《变革的力量》

知言者，尽心知性，于凡天下之言，无不有以究极其理，而识其是非得失之所以然也。

——朱熹 《孟子集注卷三·公孙丑章句上》

Year ______

January February March April May June July August September October November Decmber

Monday Tuesday Wednesday Thursday Friday Saturday

1 2 3 4 5 6 7 8 9 10 11 12 13 14 15 16 17 18 19 20 21 22 23 24 25 26 27 28 29 30 31

Title Author

Quotes Opinion

忽忆戴安道。时戴在剡，即便夜乘小船就之。经宿方至，造门不前而返。人问其故。王曰：“吾本乘兴而行，兴尽而返，何必见戴！”

——《世说新语》

Progress bar

○ ○ ○ ○ ○ ○ ○ ○ ○ ○ ○

Time line

Chapter **Reading time** **Abstract**

于是几案罗列，枕席枕藉，意会心谋，目往神授，乐在声色狗马之上。

——李清照 《〈金石录〉后序》

观之上古，验之当世，参以人事，察盛衰之理，审权势之宜。——司马迁 《史记》

简洁是智慧的灵魂，冗长是肤浅的藻饰。——莎士比亚 《哈姆莱特》

Year ______

January February March April May June July August September October November Decmber

Monday Tuesday Wednesday Thursday Friday Saturday

1 2 3 4 5 6 7 8 9 10 11 12 13 14 15 16 17 18 19 20 21 22 23 24 25 26 27 28 29 30 31

Title

Author

Quotes

Opinion

一切无常，一切无住，我们的心，我们的情，也息息生灭，逝同流水。——宗白华 《艺境》

Progress bar

Time line

Chapter | Reading time | Abstract

凡事包容，凡事相信，凡事盼望，凡事忍耐。——《圣经》

研究必须充分地占有材料，分析它的各种发展形式，探寻这些形式的内在联系。——马克思 《资本论》

人世之因缘际会，忽然邂逅，忽然寂灭，多情之人，辄寄深慨。

——傅庚生 《中国文学欣赏举隅》

Year ______

January February March April May June July August September October November Decmber

Monday Tuesday Wednesday Thursday Friday Saturday

1 2 3 4 5 6 7 8 9 10 11 12 13 14 15 16 17 18 19 20 21 22 23 24 25 26 27 28 29 30 31

Title

Author

Quotes

Opinion

今人率言“革新”，然革新固当知旧。不识病象，何施刀药？——钱穆 《国史大纲》

Progress bar

○ ○ ○ ○ ○ ○ ○ ○ ○ ○ ○

Time line

Chapter | **Reading time** | **Abstract**

道冲而用之或不盈。渊兮以万物之宗。——《老子》

虽然我们对意识感触最深，但意识的本质仍是不明确的。——罗森布鲁姆、库特纳 《量子之谜——物理学遇到意识》

附录：悦读经典

书单、回响

Wechseln Sie die

文学与艺术

《世说新语校笺》
徐震堮 著
中华书局

《唐诗选》
中国社会科学院文学研究所 选注
人民文学出版社

《红楼梦》
（清）曹雪芹 著
人民文学出版社

《呐喊·彷徨》
鲁迅 著
人民文学出版社

《哈姆莱特》
〔英〕莎士比亚 著
人民文学出版社

Mountai
Wi

文学与艺术

《安娜·卡列尼娜》

〔俄〕列夫·托尔斯泰 著

人民文学出版社

《中国文学欣赏举隅》

傅庚生 著

北京出版社

《中国美术史讲座》

李霖灿 著

广西师范大学出版社

《美的历程》

李泽厚 著

生活·读书·新知三联书店

《艺术的故事》

〔英〕贡布里希 著

广西美术出版社

Organic Chemistry
1,6 mg/L
128,17 g mol⁻¹
178,23 g mol⁻¹
bicyclo[4.4.0]deca-1,3,5,7,9-pentene
Phenanthrene
naphtalene
1,18 g/cm³
Bons souvenirs dans la classe.

历史与文明

《史记》
（汉）司马迁 著
中华书局

《国史大纲》
钱穆 著
商务印书馆

《中国近代史》
蒋廷黻 著
上海古籍出版社

《万古江河：中国历史文化的转折与展开》
许倬云 著
上海文艺出版社

《伯罗奔尼撒战争史》
〔古希腊〕修昔底德 著
商务印书馆

一緒に頑張りましょう。

历史与文明

《罗马帝国衰亡史》
〔英〕爱德华·吉本 著
商务印书馆

《意大利文艺复兴时期的文化》
〔瑞士〕雅各布·布克哈特 著
商务印书馆

《海权对历史的影响（1660—1783年）》
〔美〕马汉 著
海洋出版社

《全球通史》
〔美〕斯塔夫里阿诺斯 著
北京大学出版社

《大国的兴衰》
〔英〕保罗·肯尼迪 著
求实出版社

THE COLOR RUN

哲学与宗教

《四书章句集注》
（宋）朱熹 著
中华书局

《老子注译及评介》
陈鼓应 著
中华书局

《坛经》
（唐）慧能 著
中华书局

《理想国》
〔古希腊〕柏拉图 著
商务印书馆

《沉思录》
〔古罗马〕马可·奥勒留 著
中央编译出版社

Bien, Faisons un gâteau!

哲学与宗教

《论人与人之间不平等的起因和基础》
〔法〕卢梭 著
商务印书馆

《共产党宣言》
〔德〕马克思、恩格斯 著
人民出版社

《精神现象学》
〔德〕黑格尔 著
人民出版社

《新教伦理与资本主义精神》
〔德〕马克斯·韦伯 著
生活·读书·新知三联书店

《科学革命的结构》
〔美〕托马斯·库恩 著
北京大学出版社

Flying in the Swimming Pool

经济与社会

《资本论》

〔德〕马克思、恩格斯 著

人民出版社

《经济发展理论》

〔美〕熊彼特 著

中国社会科学出版社

《集体行动的逻辑》

〔美〕奥尔森 著

上海人民出版社

《不平等的代价》

〔美〕斯蒂格利茨 著

机械工业出版社

《国家竞争优势》

〔美〕迈克尔·波特 著

中信出版社

经济与社会

《旧制度与大革命》
〔法〕托克维尔 著
商务印书馆

《白领：美国的中产阶级》
〔美〕米尔斯 著
南京大学出版社

《资本主义文化矛盾》
〔美〕丹尼尔·贝尔 著
生活·读书·新知三联书店

《中国人》
林语堂 著
上海学林出版社

《乡土中国》
费孝通 著
北京大学出版社

自然与生命

《什么是数学：对思想和方法的基本研究》

〔美〕R. 柯朗、H. 罗宾 著

复旦大学出版社

《时间简史》

〔英〕史蒂芬·霍金 著

湖南科学技术出版社

《漫游诺贝尔奖创造的世界：化学之旅》

〔韩〕李钟镐 著

接力出版社

《千亿个太阳：恒星的诞生、演变和衰亡》

〔德〕鲁道夫·基彭哈恩 著

湖南科学技术出版社

《中国自然地理纲要》

任美锷 主编

商务印书馆

自然与生命

《物种起源》

〔英〕达尔文 著

商务印书馆

《信息简史》

〔美〕詹姆斯·格雷克 著

人民邮电出版社

《大流感——最致命瘟疫的史诗》

〔美〕约翰·M. 巴里 著

上海科技教育出版社

《量子之谜：物理学遇到意识》

〔美〕布鲁斯·罗林布鲁姆、弗雷德·库特纳 著

湖南科学技术出版社

《科学研究的艺术》

〔英〕贝弗里奇 著

科学出版社

全球化与领导力

《世界是平的——21世纪简史》
〔美〕托马斯·弗里德曼 著
湖南科学技术出版社

《帝国：全球化的政治秩序》
〔美〕麦克尔·哈特、〔意〕安东尼奥·奈格里 著
江苏人民出版社

《文化与组织：心理软件的力量》
〔荷〕吉尔特·霍夫斯泰德、格特·扬·霍夫斯泰德 著
中国人民大学出版社

《文明的冲突与世界秩序的重建》
〔美〕塞缪尔·亨廷顿 著
新华出版社

《从传统人到现代人——六个发展中国家中的个人变化》
〔美〕阿列克斯·英格尔斯、戴维·H. 史密斯 著
中国人民大学出版社

全球化与领导力

《控制论：或关于在动物和机器中控制和通讯的科学》

〔美〕N. 维纳 著

科学出版社

《卓有成效的管理者》

〔美〕彼得·德鲁克 著

机械工业出版社

《变革的力量》

〔美〕约翰·科特 著

华夏出版社

《个人与组织的未来》

〔英〕汉迪 著

中国人民大学出版社

《< 孙子兵法 > 译注》

郭化若 撰

上海古籍出版社

南京大学敬文学生活动中心

经典悦读，妙就“妙”在悦字上。必须涉猎的六大领域，是对于阅读口味的冲击，亦是勇敢尝试，也为阅读新领域的开拓提供了先行方向。轻松或繁重的阅读任务，竟也能成为掌握自学能力的推动力。

——高天慈，南京大学
外国语学院法语系
2016 级本科生

“悦读经典”计划的优势在于，在老师设置的课程任务的指引下，可以较为快速地进入文本，尤其对学术类书籍而言，这是很有帮助的。同时，老师可以提供许多相关资料以供参考，便于建立起文本文献群，建构相关问题的资料库。

——刘雨轩，南京大学
哲学系
2015 级本科生

南京大学思源楼

雨中球场倒影

是的，从此往后你还会看很多书，有硬着
皮都难以读完的，当然也更会有很多你发
内心爱到恨不得每一字一句都可以背下
的。但对我而言大概不会再有什么阅读经
可以再给我悦读经典般的感受和收获。每
处批注都是读书时不肯轻易得过且过的
明，一页页的读书笔记见证着阅读思路朋
愈发清晰。也曾觉得自然科学与我等中文
大概是此生无缘，但完完全全读下来，也
得不感慨，只要是读书，那果真就是人间
一等好事！

——初榕，南京大
文学
2015 级本科

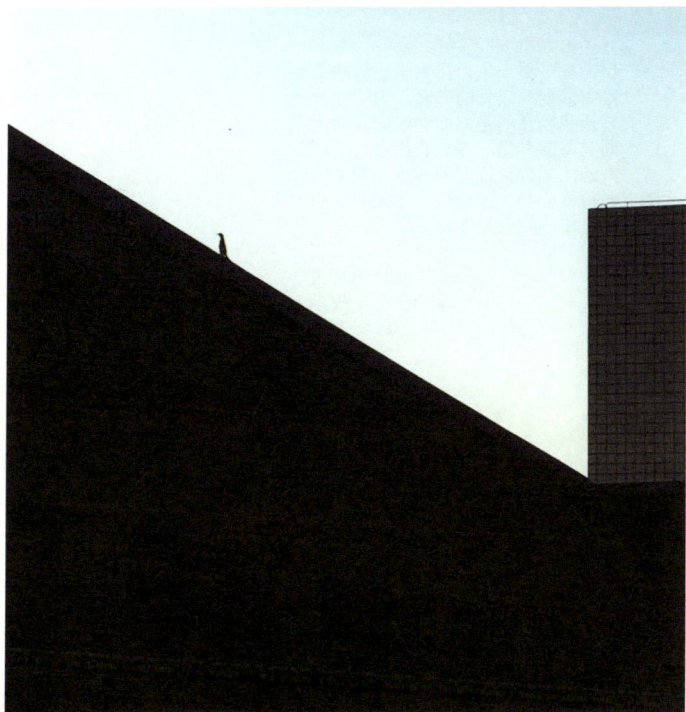

孤影

管悦读经典评价如何褒贬，在所有高校一
倡导学生增加阅读、注重经典的时候，南
读本毕竟是最早也最响亮地把它落实了。
大本就文理优长，推荐的读本兼具含金量
可读性；相关线上测试或是论文一定程度
证了读本知识的了解和摄入，这些事实都
不争的。

——付馨阅，南京大学
哲学系
2015 级本科生

作为理工科学生，在大学比较缺失的是阅读专业之外的书籍。悦读经典计划让我欣喜的是，能够督促我阅读不同类型的书籍，并且有机会与不同院系的同学讨论彼此的观点。期末的时候再静心写一篇梳理一学期阅读心得的笔记，收获颇丰！

——方晗，南京大学
电子科学与工程学院
2015 级本科生

画中画

那天傍晚，仙一五楼的风景是幅画

这是个很好的通识平台，领域全面、书目经典，在半强制性的运作机制下弥补了专业划分所导致的知识缺陷。其中成伯清教授负责的《资本主义文化矛盾》一书，读来正中我多日的困惑，若不是悦读经典项目，恐怕我也难以偶遇这本书。

——王渊渟，南京大学
大气科学学院
2015 级本科生

晚近日光

我这一届非常幸运地遇到悦读经典计划开始实行。“计划”在很多方面给我带来了不少裨益。尤其当我进行“自然与生命”这一部分的阅读后，感觉比以前能以更多的视角审视书中所叙述的内容，包括从本专业的角度、从书中所体现的角度等等。祝愿该计划越来越好。

——陈龙玄，南京大学
历史学院历史系
2015 级本科生

悦读的基础是苦读。经典，固足以娱情悦性，然欲读书得间，有所会意，功夫还在行间字里。故而读好书须执笔，至不解之处，圈点以致问；或有所得，勤为札记。唯其如此，方得妙旨，是为苦尽甘来，成其“悦读经典”。

——胡雨玭，南京大学
海外教育学院
2015级本科生

向内寻光

Reading wish list

潜向内心
遇見自己

《鲸聆：悦读笔记》

由南京大学鲸聆文化创意工作室制作

策划、文字：高旭东、吴伊瑶、傅春妍、沈雷、王佳铭

设计：吴伊瑶、傅春妍

内页插画：刘一戈

内页摄影：吴伊瑶

产品统筹：吴伊瑶

顾问：沈清清

感谢本册制作过程中所有老师及同学的帮助！

图书在版编目（C I P）数据

鲸聆：悦读笔记 / 南京大学鲸聆文化创意工作室著.
-- 南京：南京大学出版社，2017.9
ISBN 978-7-305-18820-6

Ⅰ.①鲸… Ⅱ.①南… Ⅲ.①读书笔记－中国－现代
Ⅳ.① G792

中国版本图书馆 CIP 数据核字 (2017) 第 128981 号

出版发行 南京大学出版社
社　址 南京市汉口路 22 号　　邮　编 210093
出 版 人 金鑫荣

书　名 鲸聆：悦读笔记
作　者 南京大学鲸聆文化创意工作室
责任编辑 沈清清
编辑热线 025-83685856

印　刷 上海雅昌艺术印刷有限公司
开　本 787/1092 1/32　　印张 8　　字数 60 千
版　次 2017 年 9 月第 1 版 2017 年 9 月第 1 次印刷
ISBN 978-7-305-18820-6
定　价 38.00 元
发行热线 025-83594756
电子邮箱 Press@NjupCo.com
Sales@Njupco.com（市场部）
网　址 http://www.njupco.com
官方微博 http://weibo.com/njupco
官方微信号 njupress